MW00463170

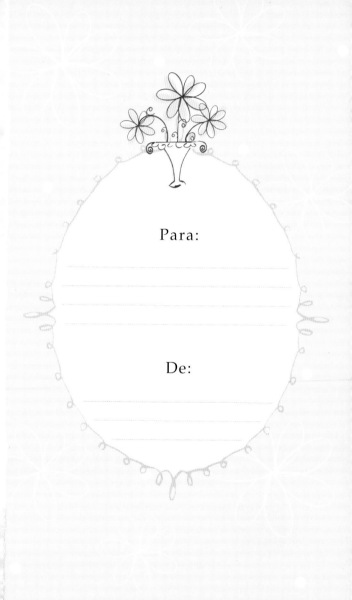

Para:

De:

La misión de Editorial Vida es ser la compañía líder en comunicación cristiana que satisfaga las necesidades de las personas, con recursos cuyo contenido glorifique al Señor Jesucristo y promueva principios bíblicos.

Oraciones para una mujer de gran valor
Edición en español publicada por
Editorial Vida – 2011
Miami, Florida

© 2011 por Editorial Vida

Originally published in the USA under the title:
    Becoming a Woman of Worth-Prayer Book
    Copyright © 2007 by Christian Art Gifts, RSA
Christian Art Gift Inc., IL, USA.
All rights reserved.

Traducción, edición y diseño interior: *Grupo del Sur*

RESERVADOS TODOS LOS DERECHOS. A MENOS QUE SE INDIQUE LO CONTRARIO, EL TEXTO BÍBLICO SE TOMÓ DE LA SANTA BIBLIA NUEVA VERSIÓN INTERNACIONAL. © 1999 POR BÍBLICA INTERNACIONAL.

ISBN: 978-0-8297-5050-8

CATEGORÍA: Vida Cristiana / Inspiración

IMPRESO EN CHINA
PRINTED IN CHINA

12 13 ❖ 6 5 4 3

Oraciones
PARA UNA MUJER
DE GRAN VALOR

52 oraciones para ayudarte a ser
la mujer que Dios quiere que seas

CONTENIDO

Andando en oración

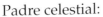

Si el Espíritu nos da vida,
andemos guiados por el Espíritu.

Gálatas 5:25

Padre celestial:

Cuando éramos jóvenes, nos ayudaste a aprender a caminar. Protegiste nuestros pasos y aplaudiste los esfuerzos que hicimos por crecer para que pudiéramos no solo caminar, sino también correr y brincar.

Del mismo modo en que aprendimos a caminar cerca de ti, Señor, hemos llegado a confiar en que tú estás siempre a nuestro lado, siempre cerca para guiarnos y sostenernos en el camino.

En verdad eres un amigo amoroso y sabemos que nuestra relación contigo puede llegar a ser tan íntima y real como nosotras decidamos que sea.

Señor, ayúdanos a elegir caminar contigo en todo lo que hagamos. Ayúdanos a buscar tu consejo y sabiduría en nuestras vidas. Ayúdanos a admitir nuestras recaídas y la necesidad de que tú nos levantes nuevamente. Ayúdanos a mantenernos constantes en tus sendas, avanzando siempre en la dirección que deseas para nosotras.

Ya no somos tan jóvenes, Señor, pero aun venimos a ti con una fe infantil, extendiendo nuestros brazos a tu abrazo bondadoso. Ayúdanos a mantenernos siempre cerca de ti, aprendiendo a confiar y obedecer en cada paso que damos.

Que caminemos contigo cada instante de nuestras vidas.

Oramos en tu Espíritu.

Amén.

Un pensamiento valioso

Toma a Dios por esposo y amigo para andar continuamente con él, y no pecarás, sabrás amar, y te irá bien.

Juan de la Cruz

Esperando en él

Espero al SEÑOR, lo espero con toda el alma;
en su palabra he puesto mi esperanza.
Espero al SEÑOR con toda el alma,
más que los centinelas la mañana.

Salmo 130:5-6

Padre celestial:

Tantas veces te presentamos nuestras peticiones, esperando respuestas instantáneas y directivas fáciles. A veces respondes a nuestras necesidades de modo rápido y generoso y nos malcrías con tu gran amor y bondad.

Ayúdanos a comprender que si tenemos que esperar más, si debemos ser pacientes hasta que llegue la respuesta, eso no significa que nos has retirado tu favor o que demoras la respuesta por la sola razón de hacernos esperar, sino porque estás trabajando para encausar cada cosa para nuestro bien y ese proceso lleva tiempo.

Ayúdanos a confiarte siempre nuestras mentes y corazones con una fe genuina, creyendo que realmente quieres lo mejor para nosotras en todo momento. Concédenos poder descansar en tus manos hasta que la medida de nuestra fe y la gracia de tu voluntad nos otorguen la bendición que esperamos recibir.

Que en todo, Señor, podamos estar siempre convencidas de que nos escuchas y que estás obrando la respuesta.

¡Te alabamos, Señor!

Amén.

Un pensamiento valioso

Debemos esperar que Dios se manifieste, en el viento y la lluvia, en el trueno y el relámpago, en el frío y la oscuridad. Espera, y él vendrá. Él nunca va a quienes no esperan.

F. W. Faber

Una mujer sabia

*Porque a los ojos de Dios la sabiduría
de este mundo es locura. Como está
escrito: «Él atrapa a los sabios en su
propia astucia»; y también dice:
«El Señor conoce los pensamientos de
los sabios y sabe que son absurdos».*

1 Corintios 3:19-20

Padre celestial:

A veces creemos que la sabiduría está relacionada con la inteligencia. Creemos que el conocimiento es sabiduría. Creemos que tener experiencia en la vida es sabiduría. Creemos que envejecer es sabiduría. Sin embargo, Señor, no somos coherentes en nuestra propia sabiduría, nuestras experiencias o nuestro limitado conocimiento. Somos sabias en algunas cosas e insensatas en otras.

Ayúdanos a comprender en profundidad tu definición de sabiduría y sus implicancias. Ayúdanos a buscar cada día tu sabiduría para nuestras vidas. Si llegamos a entenderla realmente, permítenos experimentarla en nuestra relación con otras personas, y en nuestra relación contigo. Enséñanos a llorar, reír y a amar conforme a tu interpretación divina.

Ya sea que hayamos estudiado en una prestigiosa universidad, o nos hayamos formado en la escuela de la vida para alcanzar el conocimiento que tenemos, nada se compara a la sabiduría que el Espíritu prodiga sobre nosotras de un modo tan generoso, cuando más le buscamos. Ayúdanos hoy a ser alumnas entusiastas de tu Espíritu.

En agradecimiento y adoración.
Amén.

Un pensamiento valioso
Nuestra sabiduría debería ser sencillamente adoptar con humilde docilidad, y sin cuestionamientos, todo lo que enseñan las Sagradas Escrituras.

Juan Calvino

Una hermosa artesanía

Entonces bajé a la casa del alfarero,
y lo encontré trabajando en el torno.
Pero la vasija que estaba modelando
se le deshizo en las manos; así que volvió
a hacer otra vasija, hasta que le pareció
que le había quedado bien.

JEREMÍAS 18:3-4

Padre celestial:

Cada día damos por sentado que nos despertaremos, luego de una buena noche de descanso, nos desperezaremos y gozaremos al ver el nuevo día y escuchar el sonido de la mañana. Somos una creación maravillosa, disfrutamos de cosas asombrosas que nos has dado.

Ayúdanos a reconocer que nuestros cuerpos fueron diseñados de un modo perfecto. Tenemos capacidades para pensar, sentir, reír y llorar. Podemos decir lo que pensamos y expresar nuestra alabanza. Podemos hacer todas las cosas, gracias a lo que tú has hecho.

Te agradecemos, Padre, porque así como el alfarero crea cada una de sus vasijas con sumo cuidado y originalidad, tú también nos creaste a cada una de nosotras, y viste con agrado el resultado. Somos distinguidas y únicas. Somos obra de tus manos.

Que en cada instante de nuestras vidas podamos usar los dones que pusiste en nosotras para tu gloria. Permítenos movernos con tu Espíritu en nosotras, y así acercarnos cada día más a lo que tú quieres que seamos. Moldéanos, fórmanos, y renuévanos conforme a tu buena voluntad, porque solo tú sabes lo perfectas que podemos llegar a ser.

Te agradecemos por cada paso que nos permitistes dar.

Amén.

Un pensamiento valioso

Hay en nosotros, si tan solo tenemos ojos para verla, una creación de espectacular abundancia, despilfarradora riqueza, y absurdo detallismo, como para quitarnos el aliento en asombrosa estupefacción.

Michael Mayne

Una mujer guerrera
en nuestro interior

*Porque los ojos del Señor
están sobre los justos,
y sus oídos, atentos a sus oraciones.*

1 Pedro 3:12

Padre celestial:

Mientras procuramos parecernos más a ti y ofrecer más de ti a quienes nos rodean, sabemos que necesitamos estar mucho más cerca tuyo en todo momento. Cada día caminamos vestidas con la armadura de protección y salvación que nos has dado, y anunciamos tu nombre a todo el que entra en nuestro círculo de amor.

Ayúdanos, Señor, a ser guerreras inquebrantables. Ayúdanos a estar dispuestas para transformar mentes y corazones en cada oportunidad que se nos presente. Ayúdanos a ser mejores siervas por el bien de todos aquellos que aun esperan saber más de ti. Señor, vigílanos y moldéanos para hacer el trabajo que se necesite. Ya sea ofrecer una mano, o una oración, o un abrazo, haznos mujeres predispuestas para hacerlo en el momento que sea necesario.

Quizás no siempre reconozcamos que hay una mujer guerrera dentro de nosotras, una luchadora preparada para defender su posición, lista para entrar en el mundo y permanecer firme en su fe por ti. Ayúdanos a ganar cada una de las batallas que enfrentamos, por el bien de todos tus hijos aquí en la tierra.

Amén.

Un pensamiento valioso

Dios puede abrir camino de un callejón sin salida y transformar el ayer oscuro en un mañana despejado y soleado. Esta es nuestra esperanza para convertirnos en mejores mujeres. Este es nuestro mandato para construir un mundo mejor.

Martin Luther King, Jr.

Una testigo

«A cualquiera que me reconozca delante de los demás, yo también lo reconoceré delante de mi Padre que está en el cielo. Pero a cualquiera que me desconozca delante de los demás, yo también lo desconoceré delante de mi Padre que está en el cielo».

MATEO 10:32-33

Padre celestial:

Es un honor tan grande poder brillar para ti. Somos diminutos haces de luz proyectando rayos sobre un planeta oscuro. Nosotras somos reflejos lunares y tú eres el sol.

Cuando se crucen en nuestro camino las oportunidades de compartir el gozo, la esperanza y la paz que hemos hallado en ti, ayúdanos a no preocuparnos tanto por decir lo correcto, sino simplemente por estar allí. Ayúdanos a ser tu luz. Ayúdanos a ser tus brazos, tus ojos y tus manos, cualquiera sea el momento en que nos llames para serlo.

Las hermanas que nos precedieron ayudaron a iluminar el camino. Permítenos seguir en su misma senda, y regocijarnos en el don que nos has dado. Cuando no sepamos qué decir, cómo orar, o cuánto más intentar, guía nuestros pensamientos y acciones para bendición tuya y de quienes te buscan.

Amén.

Un pensamiento valioso

Dios nos ha llamado a brillar. Que nadie diga que no puede brillar porque tiene menos influencia que otro. Lo que Dios desea de ti es que utilices la influencia que tienes.

Dwight L. Moody

Una mujer dispuesta a servir

Por mi parte, mi familia y yo serviremos al SEÑOR.

Josué 24:15

Padre celestial:

Con corazones humildes contemplamos la idea de servirte. Es maravilloso pensar que podemos hacer algo para extender tu obra en el mundo o dar gloria a tu nombre. Es increíble considerarlo, pero sabemos que honras nuestro esfuerzo. Las cosas sencillas que hacemos tú las transformas en algo extraordinario para que nos sintamos plenamente satisfechas.

Señor, ayúdanos a servirte mejor. Ayúdanos a servirte con todo nuestro corazón, todo nuestro cuerpo y toda nuestra mente. Ayúdanos a entender que cada esfuerzo que hacemos para animar a otros, alivianar la carga del prójimo, o señalar el camino correcto, es útil para ti. Ayúdanos a ansiar servirte tanto como ansiamos el éxito y los logros, la poesía y el amanecer. Permítenos, aunque sea un poquito, dar alivio al mundo y rescatarlo de su enfermedad.

Señor, que nos acerquemos ante ti en total sumisión, prontas a responder cualquier necesidad que se nos presente. Que podamos encender una luz para iluminar las almas perdidas y alimentar los corazones hambrientos. Que podamos servirte con gozo y agradecimiento por todo lo que hiciste por nosotras.

Te adoramos, querido Señor, y bendecimos tu nombre.

Amén.

Un pensamiento valioso

Hablar bien es bueno, pero hacer el bien es mejor.

Hacer el bien es como el espíritu,

hablar bien es la letra.

Hablar bien es piadoso y ayuda a complacer,

pero hacer bien es piadoso y trae alivio al mundo.

Juan de la Cruz

Una adoradora

*Dios es espíritu, y quienes lo adoran
deben hacerlo en espíritu y en verdad.*

Juan 4:24

Padre celestial:

Venimos ante ti, listas para entregarte el peso del día, listas para deshacernos de la medida de duda que resuena de modo tan azaroso en nuestro espíritu, y listas para renovar nuestras mentes y corazones en ti. Sabemos que hoy aun no te hemos adorado.

Permítenos acercarnos a ti para recibir el alimento espiritual que no podemos conseguir en ningún otro lugar. Permítenos sentarnos a tu mesa con humildad y recibir de tu espléndida generosidad, conectadas a tu mismísimo Espíritu para fortalecer y renovar nuestras almas. Señor, aliméntanos con la verdad de modo que podamos vivir el gozo de conocer tu amor hacia nosotras.

Que mengüemos, como seres humildes que somos, y nos regocijemos en la santidad de nuestro Creador. Permítenos ser uno contigo y con Jesucristo. Abre nuestros corazones y mentes en adoración genuina y consciente.

Nos entregamos a tu voluntad. Oramos en el nombre de Jesús.

Amén.

Un pensamiento valioso
Adorar es avivar la conciencia mediante la santidad de Dios, alimentar la mente con la verdad de Dios, purgar la imaginación con la belleza de Dios, abrir el corazón al amor de Dios y dedicar la voluntad al propósito de Dios.
William Temple

Una mujer de palabras acogedoras

Que habite en ustedes la palabra de Cristo con toda su riqueza: instrúyanse y aconséjense unos a otros con toda sabiduría; canten salmos, himnos y canciones espirituales a Dios, con gratitud de corazón. Y todo lo que hagan, de palabra o de obra, háganlo en el nombre del Señor Jesús.

COLOSENSES 3:16-17

Padre celestial:

Sin duda sabemos lo diferente que es cuando alguien ofrece bondad en lugar de críticas. Sabemos que mantener tus Palabras cerca de nuestros corazones nos ayuda a ser más amables con los demás y nos recuerda que cada persona que conocemos está haciendo todo lo posible para que le vaya bien en la vida.

Venimos hoy ante ti con gratitud por todo lo que has hecho para proteger, guiar y prosperar las cosas que hacemos. Venimos a ti sabiendo que cada vez que lo hacemos, tú nos recibes con amor, gracia y misericordia. Ayúdanos, Padre, a prolongar esa misma gracia y amor a quienes nos rodean. Ayúdanos a ser las primeras en sonreír, dar una palabra amable, o una mano de ayuda.

Nuestras palabras pueden ser poco elocuentes, pero nunca deben ser poco amables. Ayúdanos a honrar tu Espíritu al tratar con cada persona que transita el camino con nosotras.

Amén.

Un pensamiento valioso
Las palabras amables pueden ser pocas
y fáciles de decir, pero sus ecos
son realmente infinitos.
Madre Teresa

El don del trabajo de una mujer

*Hagan lo que hagan, trabajen de buena gana,
como para el Señor y no como para nadie
en este mundo, conscientes de que el Señor
los recompensará con la herencia.
Ustedes sirven a Cristo el Señor.*

Colosenses 3:23-24

Padre celestial:

A veces no tenemos la perspectiva correcta acerca del trabajo. Solemos quejarnos de los empleos que tenemos, de nuestros compañeros de trabajo, de las cosas que nos sobrecargan, y no percibimos todo lo bueno que tu nos has dado al colocarnos justo en el centro de estas situaciones.

Ayúdanos hoy a ver tu mano en nuestro trabajo. Ayúdanos a ver lo que tienes en mente cada vez que iniciamos un nuevo día y asumimos las tareas que tenemos que hacer. Haznos recordar que tú siempre tienes trabajo para nosotras y que nunca tenemos una razón válida para estar ociosas.

Al trabajar hoy contigo, Señor, ayúdanos a abrir nuestros ojos para ver los tesoros que has puesto entre nosotras. Ayúdanos a ver las muchas formas en que nuestro trabajo puede prolongar el tuyo entre quienes nos rodean. Danos el talento y el deseo de hacer nuestro trabajo con el gozo de servirte.

Amén.

Un pensamiento valioso

Cada mañana agradece a Dios por la oportunidad de levantarte, por tener algo para hacer, ya sea que te guste o no. Estar obligada a trabajar y a hacerlo con exelencia, producirá en ti cientos de virtudes que el ocioso jamás conocerá.

Charles Kingsley

Una mujer sin preocupaciones

Jesús dijo: «No se angustien.
Confíen en Dios, y confíen también en mí».

Juan 14:1

Padre celestial:

Cada mañana nos levantamos con agendas completas y la mente llena de preocupaciones antes de siquiera tomar nuestra primera taza de café. Solemos anticipar el día con aprensión, sabiendo que no podemos controlar los resultados de todas las cosas que enfrentamos.

Ayúdanos a sencillamente dejar todo en tus manos. Que del mismo modo en que escuchamos el trino de las aves o el libre andar de la brisa, así también nosotras confiemos en que adonde quiera que vayamos, tú estás ahí, listo para compartir todo lo que hacemos. Ayúdanos a dejar nuestras cargas a tus pies y continuar nuestro camino cantando alabanzas, completamente seguras de que jamás caminamos solas, ni siquiera por un instante.

Gracias, Señor, por cuidar nuestros corazones y mentes en este día.

Amén.

Un pensamiento valioso

«¡Buenos días, teólogos! Ustedes se levantan y cantan. Pero yo, viejo tonto, sé menos que ustedes y me preocupo por todo, en lugar de simplemente confiar en los cuidados del Padre celestial».

(Martín Lutero… hablándoles a las aves del bosque)

(Y las aves le cantan a Martín Lutero…)

«Mortal, cesa el afán y la pena;
Dios provee para el mañana».

¡Eres original!

Señor, tú me examinas, tú me conoces.
Sabes cuándo me siento y cuándo me levanto;
aun a la distancia me lees el pensamiento.
Mis trajines y descansos los conoces;
todos mis caminos te son familiares.

Salmo 139:1-3

Padre celestial:

Nos has creado a cada una como un ser único. Nos conoces por completo y nos entiendes más de lo que nosotras mismas nos entendemos.

Mientras imaginamos qué es lo que tenemos que hacer, y mientras intentamos establecer nuestro equilibrio y nuestra orientación en el mundo, pedimos que tú nos guíes. Tú, que ves cuando nos sentamos y nos levantamos, eres el único calificado para aconsejarnos.

En cada una de nosotras, también has sembrado miles de posibilidades de lo que podemos llegar a ser. Cada una de esas opciones es bendita y positiva, y cada una de esas posibilidades es importante. Cada paso que damos, cada día que vivimos, nos acerca a todo lo que tú planeaste para nosotras desde el primer momento. Porque solo tú conoces todos nuestros caminos.

Ayúdanos, Señor, a caminar contigo, a sembrar semillas de esperanza, gozo y consuelo en quienes nos rodean, para que podamos convertir esta tierra en un alegre jardín.

Amén.

Un pensamiento valioso

La fuente de la belleza es el corazón,

y cada pensamiento generoso

adorna las paredes de tu recámara.

Francis Quarles

Una mujer ordenada

Por lo tanto, mis queridos hermanos,
manténganse firmes e inconmovibles,
progresando siempre en la obra del Señor,
conscientes de que su trabajo
en el Señor no es en vano.

1 Corintios 15:58

Padre celestial:

Con gracia nos has rodeado de cosas admirables. Tenemos abundancia de obsequios útiles y placenteros. Vamos más allá de ellos para completar el trabajo que nos has encomendado.

Ayúdanos a desear la bendición del orden. Ayúdanos a esforzarnos por hacer todas las cosas de forma correcta y adecuada, de manera tal que más personas puedan ver claramente el brillo de nuestra luz, y desear esa luz para sus vidas.

Ayúdanos, Señor, a ser fuertes y seguras en cada paso que damos, avanzando por la senda de la rectitud para reclamar la herencia que tenemos en ti y ofrecer esa misma herencia a hermanas de todas partes. Ayúdanos a poder llevar paz al caos que muchos enfrentan hoy.

Señor, ayúdanos a prestar atención a tu pueblo, ofreciéndole la mano firme y el corazón gozoso que Tú nos has mostrado a través de tu Espíritu.

Pedimos esta sabiduría en el nombre de Jesús.

Amén.

Un pensamiento valioso

Si alguna vez he hecho algún descubrimiento valioso, ha sido más debido a la observación paciente que a cualquier otro talento.

Isaac Newton

Una mujer obediente

«Si ahora ustedes me son del todo obedientes,
y cumplen mi pacto,
serán mi propiedad exclusiva
entre todas las naciones.
Aunque toda la tierra me pertenece,
ustedes serán para mí un reino de sacerdotes
y una nación santa».

ÉXODO 19:5-6

Padre celestial:

Sabemos que estamos lejos de la obediencia completa. Sabemos que con demasiada frecuencia seguimos los caminos del mundo y sacrificamos las cosas del Espíritu. Sabemos que hacemos esto porque solemos ser humilladas por nuestros propios actos y por lo que omitimos hacer mediante excusas débiles.

Mientras aprendemos a confiar más, ayúdanos a obedecer más. Ayúdanos a establecer como objetivo en nuestras mentes y corazones el ser más conscientes de tu voluntad para nuestras vidas y a obedecer de modo continuo y gozoso.

Anhelamos tu verdad, Padre, y sabemos que no estamos preparadas para recibirla si no estamos listas para obedecerte aun en las pequeñas cosas que ya nos has solicitado. Permitimos que la vida nuble nuestra razón y llene nuestras agendas, y volvemos a ti exhaustas a confesar que hemos caído en tentación una vez más.

Perdónanos por las cosas que nos impiden escuchar verdaderamente, darte nuestros corazones y obedecer tus preceptos. Pedimos tu ayuda para parecernos cada día más al tesoro que planificaste que seamos. En el nombre de Jesús.

Amén.

Un pensamiento valioso

Con el fragmento más ínfimo de obediencia,
el cielo se abre y las verdades más profundas
de Dios se hacen propias de inmediato.
Dios nunca revelará más verdades acerca
de sí mismo hasta que tú no obedezcas
lo que ya sabes.

Oswald Chambers

Una mujer con maravillosas oportunidades

Así que yo les digo: «Pidan, y se les dará; busquen, y encontrarán; llamen, y se les abrirá la puerta. Porque todo el que pide, recibe; el que busca, encuentra; y al que llama, se le abre».

Lucas 11:9-10

Padre celestial:

Constantemente buscamos oportunidades de crecimiento, ya sea que eso signifique ganar más dinero, hacer más amigos, mudarnos a otro lugar, o cualquier otra cosa semejante.

Sabemos que es importante buscar oportunidades para crecer y parecernos más a lo que deseas para nosotras. Ayúdanos hoy, a buscar maravillosas oportunidades para servirte. Concédenos el preguntar cómo, cuándo y dónde podemos ofrecer tu gracia y amor a otro. Y bendícenos con esa oportunidad, tantas veces como preguntemos.

Señor, ayúdanos también a cerrarle las puertas al remordimiento, sabiendo que tú vas delante nuestro preparando oportunidades aun mayores para nosotras. No dejes que pasemos tanto tiempo mirando hacia atrás de modo que esto nos impida ver las nuevas puertas que ya están esperando a que nos acerquemos y llamemos nuevamente.

Te damos gracias por las oportunidades que nos das una y otra vez, de pedir y recibir de tu mano amorosa y misericordiosa.

Amén.

Un pensamiento valioso

Cada vez que una puerta se cierra, otra se abre, pero a menudo nos quedamos mirando con tristeza la puerta cerrada y perdemos de vista la puerta que se ha abierto.

Alexander Graham Bell

Una mujer optimista

Los que viven conforme a la naturaleza pecaminosa fijan la mente en los deseos de tal naturaleza; en cambio, los que viven conforme al Espíritu fijan la mente en los deseos del Espíritu.

Romanos 8:5

Padre celestial:

Sabemos lo diferente que es afrontar cada día con un espíritu positivo y una actitud alegre. Sabemos que surgen en nuestro camino bendiciones inesperadas y que ocurren pequeños milagros sin que hagamos ningún esfuerzo. Lo sabemos, porque nos diste a cada una la posibilidad de ver al mundo color de rosa.

En contraste, cuando no estamos dispuestas o no tenemos la capacidad de ver las dádivas que has preparado gentilmente para nosotras, quedamos cegadas por las circunstancias y tormentas para las cuales no estamos preparadas. Nos preguntamos en dónde estás y por qué nos dejaste solas y abandonadas. Sin embargo, Señor, con frecuencia sabemos que fuimos nosotras las que en realidad te dejamos a ti en la oscuridad. Percibimos el día con aversión e incertidumbre y recibimos exactamente lo que imaginábamos.

Ayúdanos a mirar cada día con tus ojos. Ayúdanos a mantener nuestros pensamientos cercanos a tu Espíritu Santo de modo tal que nuestras actitudes sean transformadas en la luminosidad de ser quienes tú quieres que seamos. Pedimos esto en el nombre de Jesús.

Amén.

Un pensamiento valioso
La actitud interna del corazón es mucho más
decisiva que la técnica para llegar a la
realidad de una vida espiritual.

Richard Foster

Una mujer de manos y corazón abiertos

El que siembra escasamente, escasamente cosechará, y el que siembra en abundancia, en abundancia cosechará. Cada uno debe dar según lo que haya decidido en su corazón, no de mala gana ni por obligación, porque Dios ama al que da con alegría.

2 Corintios 9:6-7

Padre celestial:

Te ofrecemos nuestras manos y corazones porque entendemos que todo cuanto poseemos proviene de ti. Miramos a nuestros amigos y vecinos y nos esforzamos para honrarlos con sinceras dádivas de amabilidad y necesidades cubiertas. Te damos gracias por la oportunidad que nos das de compartir con otros todo lo que tenemos.

Pero, Señor, a veces olvidamos lo mucho que tenemos y la abundancia que nos rodea. No recordamos que debemos vivir en servicio constante al prójimo, por eso te pedimos que nos hagas dadoras más generosas y misericordiosas.

Haznos sabias administradoras de nuestros bienes y nuestro tiempo, y diligentes en abrir nuestras manos y corazones a los necesitados. Deseamos agradarte de todo corazón. Señor ayúdanos a desarrollar una actitud agradecida y de alabanza en lo referente a compartir nuestros dones.

Amén.

Un pensamiento valioso
Un dador alegre no considera el costo de lo que da. Su corazón está puesto en agradar y alegrar a quien recibe la dádiva.

Juliana de Norwich

La dulce administradora

*Cada uno ponga al servicio de los demás
el don que haya recibido, administrando
fielmente la gracia de Dios
en sus diversas formas.*

1 Pedro 4:10

Padre celestial:

Nos has dado dones suficientes como para velar por el bienestar de otros. Estamos equipadas con tu gran misericordia para beneficio y cuidado de todas las personas que lleguen a nuestra área de influencia necesitando cuidado.

Ayúdanos a usar estos dones a conciencia y con amor, para hacer el bien por el cual los creaste. Sabemos que poner las necesidades de otros por sobre las nuestras nos llena de bienestar.

Al recorrer esta semana, muéstranos las necesidades de quienes nos rodean y concédenos poder ayudarles de todos los modos posibles. Ayúdanos a no retener nuestro tiempo y nuestros recursos. Ayúdanos a velar por las vidas de aquellas personas que de una u otra forma están cerca nuestro.

Al servir a otros, bendice nuestras vidas con sabiduría y una actitud gozosa. Ayúdanos a ser las personas que tú sabes que podemos llegar a ser, a fin de bendecir a tu familia aquí en la tierra. Concédenos tu ayuda y una sobreabundante llenura de tu Espíritu al realizar nuestras tareas diarias.

Amén.

Un pensamiento valioso

Nuestro valor real no consiste en lo que otros seres humanos piensen de nosotros. Lo que realmente somos es lo que Dios sabe que somos.

John Berchmans

Una mujer con descendencia

*Los hijos son una herencia del SEÑOR,
los frutos del vientre son una recompensa.*

SALMO 127:3

Padre celestial:

Por favor, bendice a nuestros niños y a los niños de todo el mundo. Concédeles buenas familias que los críen y comunidades amorosas que los vean crecer. Dales el alimento necesario y una actitud positiva frente a la vida y el aprendizaje. Ayuda a nuestros niños a crecer fuertes, seguros y confiados.

Ayúdalos a desear más de tu presencia en sus vidas, y ayúdanos a ser buenos ejemplos de todo lo que nos has enseñado y de todo lo que significas para nosotras.

Todos somos tus hijos, Señor, y todos te necesitamos. Danos sabiduría y fortaleza para ser guardianas y guías de nuestros hijos. Si no tenemos hijos propios, entonces recuérdanos estar siempre cuidando y vigilando las mentes y corazones de los niños de nuestras familias, iglesias o comunidades, porque todos están a nuestro cuidado.

Ayúdanos a hacer todo lo que podamos por los niños de otros países y ciudades, porque sabemos que cada niño nació con un propósito que tú esperas ver cumplido. Pedimos tu ayuda para cuidar a todos tus niños cada día.

Amén.

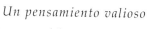

Un pensamiento valioso

No podemos modelar a nuestros hijos según nuestros deseos, debemos estar con ellos y amarlos como Dios nos los ha entregado.

Goethe

Una mujer envejeciendo

Por tanto, no nos desanimamos.
Al contrario, aunque por fuera nos vamos
desgastando, por dentro nos vamos
renovando día tras día.

2 Corintios 4:16

Padre celestial:

Tenemos algunos sentimientos encontrados sobre la vejez. Una parte de nosotras lamenta la pérdida de los días de juventud, pero otra parte disfruta de la paz que nos da el estar un poco más relajadas en la vida. Pareciera que en tu sabiduría, primero nos enseñaste a caminar y luego a correr, para luego caminar nuevamente.

Ayúdanos a disfrutar con más intensidad los días que nos pusiste por delante, confiando en que estarás con nosotras a cada paso del camino y que aun crearás más oportunidades de gratos recuerdos.

Haznos recordar cuán lejos hemos llegado, lo mucho que hemos aprendido, y cuánto crecimos a través de tu misericordia y cuidado. Que podamos compartir nuestras experiencias de vida con quienes siguen nuestros pasos, encendiendo una luz que clarifique su camino.

Gracias por todo lo que nos has enseñado y por estar con nosotras hasta el final de los tiempos.

Amén.

Un pensamiento valioso
Sería bueno que los jóvenes fuesen sabios y los viejos fuertes. Pero Dios ha planeado las cosas de un modo mejor.

Martín Lutero

Una mujer razonable

Venid ahora, y razonemos
–dice el SEÑOR–.

ISAÍAS 1:18 (LA BIBLIA DE LAS AMÉRICAS)

Padre celestial:

Continuamente aprendemos lo que significa ser personas razonables. Queremos entender más acerca de la vida, comprender las cosas que nos parecen increíbles, y entregarte nuestros pensamientos.

Señor, a veces pasamos tanto tiempo pensando y buscando respuestas razonables que olvidamos confiar en que tienes todo en tus manos y que en realidad no necesitamos preocuparnos por todos los detalles. Ayúdanos a apreciar el hecho de que no tenemos que saber siempre el «por qué» de las cosas, aun cuando no parecen lógicas.

Padre, nuestro mundo se ve aterrador y fuera de control. Pareciera que estamos atrapadas en medio de una demencia nacional donde todo está dado vuelta, quemado y oliendo a podrido, y nosotras nos encontramos sin saber qué hacer todo. No sabemos cómo hacer para que vuelva a la normalidad.

Sabemos que ya te nos has adelantado y conoces todos los resultados. Tu caminarás con nosotras mientras seguimos avanzando. Señor, creemos que lo más razonable que podemos hacer es seguirte. Ayúdanos a abrazar tus caminos y vivir con un corazón gozoso, en alabanza y agradecimiento.

Amén.

Un pensamiento valioso

Conocemos la verdad, no solo por medio de la razón, sino también con el corazón. De esta última manera conocemos los principios fundamentales.

Blaise Pascal

Una mujer responsable

Está escrito:
«Tan cierto como que yo vivo –dice el Señor–,
ante mí se doblará toda rodilla
y toda lengua confesará a Dios».
Así que cada uno de nosotros tendrá que
dar cuentas de sí a Dios.

Romanos 14:11-12

Padre celestial:

Somos mujeres responsables que cuidamos a nuestras familias y comunidades haciendo lo posible para ayudar a quienes están en necesidad y a quienes sufren tragedias inesperadas. Estamos agradecidas de que tú estés a la cabeza, ayudándonos a crear una nueva posibilidad cuando se cierra una puerta y guiándonos hacia un camino que parece difícil de hallar.

Agradecemos que las inconsistencias de la vida puedan ser traídas a tu puerta, y que tú ya tengas listo un plan para crear algo nuevo.

Al considerar nuestras responsabilidades hacia nuestras hermanas en necesidad y hacia quienes debemos atender y cuidar, te pedimos que estés con nosotras. Que nos ayudes a concentrar los esfuerzos en ocuparnos de esas necesidades que no se ven a la distancia, sino sólo cuando nos acercamos.

Ayúdanos a ser tus siervas donde quiera que estemos, porque sabemos que tus hijos necesitan ser cuidados. Te damos gracias por tu completa provisión para nosotras.

Amén.

Un pensamiento valioso

Nuestra mayor responsabilidad en la vida

no es ver lo que yace sutilmente a la distancia,

sino hacer lo que está claramente

a nuestro alcance.

Thomas Carlyle

Una mujer respetuosa

Entonces Josué se postró rostro en tierra
y le preguntó:
—¿Qué órdenes trae usted, mi Señor,
para este siervo suyo?
El comandante del ejército del Señor le
contestó:
—Quítate las sandalias de los pies, porque el
lugar que pisas es sagrado.
Y Josué le obedeció.

Josué 5:14-15

Padre celestial:

Ayúdanos a aprender de tu siervo Josué. Ayúdanos a buscarte, honrarte y acercarnos a tu presencia con un real entendimiento de que estamos pisando suelo sagrado.

Ayúdanos a respetar la relación que compartimos contigo de modo que siempre hagamos lo que tú nos ordenes, aun cuando tu petición nos parezca extraña. Ayúdanos a desear caminar en tus sendas e inclinar nuestros corazones para verte en todo lo que hagamos.

Mientras aprendemos a respetar nuestra relación contigo de un modo más completo, ayúdanos a tener ese mismo respeto con cada persona que encontramos, en el nombre de Jesús.

Amén.

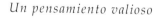

Un pensamiento valioso

Abre mis ojos de modo que pueda ver,

inclina mi corazón de modo que pueda desear,

ordena mis pasos de modo que pueda seguir

el camino de tus preceptos.

Lancelot Andrewes

Una mujer justa

*El que va tras la justicia y el amor
halla vida, prosperidad y honra.*

<small>Proverbios 21:21</small>

Padre celestial:

En el mundo de hoy la palabra «rectitud» puede ser malinterpretada. Si miramos alguna de las personas a las cuales se las denomina «correctas», nos damos cuenta que su conducta no va en la dirección que tú quieres.

Si consideramos la palabra «rectitud» como «el modo correcto de vivir», entonces tenemos una mejor comprensión del término. Ayúdanos, entonces, a vivir del modo que tú denominarías «correcto». Ayúdanos a hacer lo correcto con más frecuencia, y así hallar vida y crecer en sabiduría para honrarte de un modo más completo.

Ayúdanos a entender que solo mediante la fe en ti, tenemos la posibilidad de convertirnos en mujeres correctas, justas, firmes, dirigidas y motivadas por la fe en todo lo que emprenden. Ponemos nuestra esperanza de ser justas en tus manos.

Amén.

Refrescándote y renovándote

*Jesús dijo: «Vengan a mí todos ustedes
que están cansados y agobiados, y yo
les daré descanso. Carguen con mi yugo y
aprendan de mí, pues yo soy apacible
y humilde de corazón, y encontrarán
descanso para su alma. Porque mi yugo
es suave y mi carga es liviana».*

Mateo 11:28-30

Padre celestial:

Ayúdanos a entender que cuando damos a otros de un modo amable y amoroso, nosotras somos renovadas y refrescadas en ti. Concédenos dar con corazones llenos de ti, que nos sea imposible evitar derramar tu luz y misericordia y compartir tu gozo.

Señor, gran parte del tiempo vamos de tarea en tarea, sintiéndonos tan cansadas de correr, hacer y crear que terminamos la jornada insatisfechas. Al estar trabajando para ti y dando con generosidad a otros, recuérdanos que tú nos has encomendado estas cosas, que es factible que estemos cansadas al culminar el día, pero que también estaremos experimentando la llenura de tu Espíritu derramándose sobre nosotras y renovándonos.

Mientras aprendemos a hacer brillar tu luz, refréscanos mediante tu agua viva, de modo tal que siempre estemos dispuestas a dar sostén a las personas que se encuentran alrededor nuestro. Ayúdanos a inhalar tu amor y exhalar tu gozo. Ayúdanos a cargar tu yugo, conforme a lo que deseas para nosotras.

Amén.

Un pensamiento valioso

Que tu trato hacia las personas con quienes comienzas a relacionarte sea tan amable, convincente y atractivo, que el testimonio te sirva de aliento para las personas que vendrán.

Richard Baxter

Una mujer dispuesta
a correr riesgos

Los envío como ovejas en medio de lobos.
Por tanto, sean astutos como serpientes y
sencillos como palomas.

MATEO 10:16

Padre celestial:

Nunca sabemos con certeza cuándo es el momento ideal para asumir un riesgo. Tratamos de evaluar todas las posibilidades, observar todos los parámetros y luego avanzar cuando las cosas parecen seguras. Nos gusta transitar por zonas seguras.

El problema es que la mayoría de las veces no tenemos tantas pistas. En ocasiones estamos forzadas a arriesgar más de lo que quisiéramos. A veces debemos reunir más fe de la que tenemos para lograr que las cosas sucedan.

Te pedimos que nos ayudes, Señor,

al salir y poner en riesgo nuestros corazones, mentes y reputaciones. Por favor, guarda y protege nuestro andar. Domina a los lobos que merodean queriendo aprovecharse de nosotras, y a las serpientes que intentan engañarnos. Lo que sea que intentemos hacer para ti, danos tu Espíritu de verdad y amor para lograrlo.

Ayúdanos a no conformarnos con esperar lo que sucederá, cuando interiormente sentimos que tú nos exhortas a provocar que acontezca lo correcto. Pedimos tu protección para todo lo que hacemos.

Amén.

Un pensamiento valioso

No nos contentemos con esperar a ver qué sucederá, sino tomemos la determinación de hacer que las cosas correctas sucedan.

Peter Marshall

Una mujer servicial

*Porque tuve hambre, y ustedes me dieron
de comer; tuve sed, y me dieron de beber;
fui forastero, y me dieron alojamiento;
necesité ropa, y me vistieron;
estuve enfermo, y me atendieron;
estuve en la cárcel, y me visitaron.*

MATEO 25:35-36

Padre celestial:

Enséñanos a compartir. Muéstranos los modos en que podemos ser útiles en nuestros hogares, comunidades y/o iglesias. Revélanos las necesidades de los quebrantados de corazón, los desanimados y los de corazón endurecido, y permítenos ofrecer un poco de comida, un vaso de agua y tu consuelo.

Somos tus manos y tus pies en esta tierra, Señor, y tenemos la bendición de hacer tu trabajo. Ayúdanos a entregarnos de un modo amoroso y gozoso a quienes nos rodean, cualquiera sea la forma en que seamos llamadas a estar a su lado. Que podamos hacer brillar tu luz en su velo de oscuridad, y refrescar sus espíritus.

Que en todo lo que hagamos en esta semana, Padre, abras nuestros ojos a cada necesidad, y que podamos extender nuestras manos llenas de tu amor.

Lo pedimos en tu misericordia.

Amén.

Un pensamiento valioso

Esta es la verdadera vida cristiana, esta es la fe obrando realmente por amor: Cuando una mujer se entrega a sí misma con alegría y amor a las tareas de la más libre servidumbre, en la que sirve a otros voluntariamente y por nada a cambio; satisfecha de modo sobreabundante en la llenura y la riqueza de su propia fe.

Martín Lutero (adaptado)

Una mujer radiante

Sin él, nada de lo creado llegó a existir.
En él estaba la vida,
y la vida era la luz de la humanidad.
Esta luz resplandece en las tinieblas,
y las tinieblas no han podido extinguirla.

JUAN 1:3-5

Padre celestial:

Gracias por darnos tu luz divina. Gracias por ayudarnos a ver nuestro camino a través de la oscuridad. Concédenos servirnos mutuamente con bondad, irradiando tu Espíritu a quienes vienen a nuestro encuentro.

Señor, guíanos a los lugares que necesitan tu luz. Danos el valor de brillar aun cuando no es fácil hacerlo.

Trae armonía a nuestros hogares y a nuestros corazones, de tal forma que podamos ser parte de la solución para vivir en armonía en nuestra nación. Nuestro país y el mundo necesitan profundamente tu maravillosa luz. Ayúdanos en esta semana a brillar para ti en todo lo que hagamos.

Amén.

Un pensamiento valioso
Si hay luz en el alma,
habrá belleza en la persona.
Si hay belleza en la persona,
habrá armonía en el hogar.
Si hay armonía en el hogar,
habrá orden en una nación.
Si hay orden en una nación,
habrá paz en el mundo.

Proverbio

Una mujer de valor se regocija

Me deleito mucho en el SEÑOR;
me regocijo en mi Dios.
Porque él me vistió con ropas de salvación
y me cubrió con el manto de la justicia.
Soy semejante a un novio que luce su diadema,
o una novia adornada con sus joyas.
Porque así como la tierra hace que broten los retoños,
y el huerto hace que germinen las semillas,
así el SEÑOR omnipotente hará que broten
la justicia y la alabanza ante todas las naciones.

ISAÍAS 61:10-11

Padre celestial:

Cantamos y nos gozamos en ti porque nos vestiste con ropas de salvación y justicia. Sabemos que estás en control y que reinas sobre todo el universo.

Aun cuando el mundo está desahuciado por causa de los malvados y los cataclismos de la naturaleza que destruyen los hogares y las vidas de algunos de tus hijos, nosotras sabemos que tú eres el vencedor.

Te damos gracias porque sabemos que cada día obrarás milagros en tantas vidas como te sea posible. Te pedimos que nos concedas la bendición de tu protección, tu salvación y tu misericordia en casa paso que demos esta semana. Te pedimos que traigas sanidad a nuestro oscuro planeta, y conviertas nuestras obras en luz, crecimiento y alegría. Te agradecemos y te adoramos con todo nuestro ser, en el nombre de Jesús.

Amén.

Un pensamiento valioso

Si alguien pudiera recomendarte el camino más corto y seguro a la perfección y felicidad completa, te diría que conviertas en una regla inquebrantable para tu vida el agradecer y alabar a Dios por cada cosa que te sucede. Porque cualquier aparente calamidad que te acontezca, si agradeces y alabas a Dios por ella, la convertirás en una bendición para tu vida. Entonces podrás obrar milagros; no podrías hacer más para ti mismo sino mediante un espíritu agradecido, ya que el mismo sana con una palabra, y convierte en felicidad todo lo que toca.

William Law

Una mujer de valor
es destacada

En cambio, la sabiduría que desciende del cielo es ante todo pura, y además pacífica, bondadosa, dócil, llena de compasión y de buenos frutos, imparcial y sincera.

SANTIAGO 3:17

Padre celestial:

Solemos caer en el engaño de pensar que ser «destacadas» tiene que ver con el reconocimiento de un talento o habilidad. Creemos que debe ser inherente a quienes vemos en la pantalla grande o a las figuras políticas. Ayúdanos a ver que lo que nos define como personas destacadas, son las cosas destacadas que hacemos por ti.

Somos tus hijas y nos destacamos cada vez que socorremos a alguien que camina a nuestro lado con alguna necesidad. Nos destacamos cada vez que compartimos tu amor con quien justo nos estaba esperando para que le abramos la puerta.

Haznos recordar, Señor, mientras trabajamos en nuestras interminables tareas esta semana, que las obligaciones que ocupan nuestro tiempo en casa, en el trabajo, o en cualquier otro lado, pueden transformarse en celestiales si las hacemos como para ti. Podemos descubrir que lo que acabamos de hacer se destaca sencillamente porque tiene el sello de tu amor y aprobación.

Bendícenos a medida que avanzamos en amor y bondad genuina, para crear días más brillantes para otros. Ayúdanos a vivir por ti hoy.

Amén.

Un pensamiento valioso

Una cosa, y solo una, en este mundo tiene
la eternidad estampada sobre ella.
Las emociones pasan; las resoluciones y
los pensamientos pasan; las opiniones cambian.
Lo que has hecho dura, dura en ti. A través de
los años, a través de la eternidad, lo que has
hecho por Cristo, eso, y solo eso, eres.

F. W. Robertson

Transformándote en una mujer honesta

*«Pero cuando venga el Espíritu de la verdad,
él los guiará a toda la verdad».*

JUAN 16:13

Padre celestial:

Ayúdanos a convertirnos en mujeres honestas. Ayúdanos a vivir tu verdad frente a otros y a compartirla a medida que la vamos comprendiendo. Concédenos que tu Espíritu de verdad guíe todo lo que hacemos, e ilumine cada paso que tú quieres que demos.

Al buscar un mayor entendimiento, Padre, ayúdanos a despojarnos de las vestiduras de temor e incertidumbre que a veces nos impiden ver la realidad. En lugar de ellas, vístenos con tu amor, bondad y paciencia, de modo que podamos percibir las necesidades de quienes nos rodean y ofrecerles corazones gozosos, cariñosos y dispuestos.

Venimos ante ti sabiendo que todavía tenemos un largo camino de aprendizaje para poder alcanzar la completa revelación de tus verdades. Te pedimos que quites de nuestras mentes y corazones las ideas que no provienen de ti.

Límpianos, desatando tu Espíritu Santo en nosotras, y renuévanos en toda verdad para que podamos servirte mejor. Todo lo que hacemos conforme a tu divina voluntad, Señor, sea bendecido con tu favor.

Amén.

Un pensamiento valioso

Si no aprendes y sabes tus verdades,
no puedes hablarlas.
Si no las hablas, conocerás lo que es
una prisión por dentro.
Dite a ti mismo tus verdades, y luego a los
demás.
¡La verdad realmente te hará libre!

Anónimo

Una mujer de palabras y acciones

Para orar bien, manténganse sobrios y con la mente despejada. Sobre todo, ámense los unos a los otros profundamente, porque el amor cubre multitud de pecados. Practiquen la hospitalidad entre ustedes sin quejarse.

1 PEDRO 4:7-9

Padre celestial:

A medida que vamos comprendiendo más tu verdad, permite que nuestras acciones reflejen totalmente lo que tenemos gracias a ti. No sabemos cuánto tiempo pasará hasta que tú regreses y el mundo que hoy conocemos cambie para siempre.

Sabemos, sin embargo, que el trabajo debe continuar y que nuestros corazones deben ser rectos ante ti para poder completarlo. Ofrecemos nuestro amor y servicio.

Te ofrecemos nuestras mentes y corazones devotos para alentar a los que están en derredor nuestro y extender tu reino.

Señor, también te pedimos que nos ayudes a dedicar nuestras vidas a la oración de un modo más completo, y así aprender a confiar en ti y obedecerte en todo sin vernos afectadas por los cambios en nuestras vidas o los acontecimientos del mundo que nos rodea.

Te pedimos que ensanches nuestros corazones, de modo que seamos más amorosas y generosas de lo que jamás fuimos. Que ni siquiera nosotras nos reconozcamos, al transformarnos en mujeres totalmente entregadas a tu Espíritu y al trabajo que debe llevarse a cabo. Pedimos tu bendición para cada acción que realizamos por el bien de otros. Oramos en el nombre de tu hijo.

Amén.

Un pensamiento valioso

Miles de palabras jamás dejarán una marca

tan profunda como una acción.

Henrik Ibsen

Una mujer que piensa bien

*Por tanto, si sienten algún estímulo en su
unión con Cristo, algún consuelo en su amor,
algún compañerismo en el Espíritu, algún afecto
entrañable, llénenme de alegría teniendo un
mismo parecer, un mismo amor, unidos en alma
y pensamiento. No hagan nada por egoísmo o
vanidad; más bien, con humildad consideren a los
demás como superiores a ustedes mismos. Cada
uno debe velar no sólo por sus propios intereses
sino también por los intereses de los demás.*

FILIPENSES 2:1-4

Padre celestial:

Sabemos que nuestros pensamientos
no están alineados con los tuyos. Sabemos que constantemente necesitamos
ser guiadas, especialmente respecto de lo
que pensamos.

Señor, muy a menudo aparecen ideas
e imágenes en las pizarras de nuestras
mentes sin que ni siquiera sepamos cómo
llegaron allí. Ayúdanos a examinar esas
cosas que nos confunden y desalientan,
y a borrar todo lo que no proviene de ti.
Reescribe tu verdad en nosotras para que
nos mantengamos fuertes y fieles.

Concédenos ser de un mismo parecer respecto de las necesidades de quienes nos rodean. Ayúdanos a estimar y valorar a los demás con un corazón comprensivo y una mente abierta. Ayúdanos a respetar a quienes no piensan o actúan como nosotras.

Ayúdanos a estar prontas a servir a todo el que camine por nuestra esfera de influencia. Que nuestros pensamientos más generosos sean para el bien mayor de cada persona que conocemos. Ayúdanos, Señor, a tener pensamientos de amor en todo lugar que transitemos.

Amén.

Un pensamiento valioso
Cuida tus pensamientos; porque
se volverán palabras.
Cuida tus palabras; porque se volverán actos.
Cuida tus actos; porque se harán costumbre.
Cuida tus costumbres; porque forjarán
tu carácter.
Cuida tu carácter; porque formará tu destino,
y tu destino, será tu vida.

Anónimo

Una mujer de valor es maestra

«¿A quién creen que están enseñando?
¿A quién le están explicando su mensaje?
¿Creen que somos niños recién destetados,
que acaban de dejar el pecho?
¿Niños que repiten:
"a-b-c-ch-d, a-e-i-o-u,
un poquito aquí, un poquito allá"?»

Isaías 28:9-10

Padre celestial:

Venimos ante ti como alumnas y maestras a la vez. Estando a tus pies, deseamos aprender tanto como podamos, para tener mayor entendimiento y sabiduría para compartir con otros. Recibimos tu instrucción y tus demostraciones de bondad y creatividad.

Reconocemos que no siempre aprendemos bien cada lección cuando estamos a tus pies, y que a menudo debes enseñarnos lo mismo más de una vez.

Recuérdanos, al compartir a otros tu Palabra, que debemos demostrarles la misma gracia que tú nos das continuamente. Ayúdanos a ser maestras que no solo relatan y explican, sino que demuestran con los hechos de cada día las verdades que tú nos has enseñado.

Ayúdanos a ser testigos de tu luz en el mundo y concédenos poder inspirar a otros con el deseo de acercarse para conocer más de ti.

Te pedimos estas cosas, Señor, conforme a tu gracia y misericordia.

Amén.

Un pensamiento valioso

El maestro mediocre relata;

el buen maestro, explica.

El maestro superior demuestra.

Pero el gran maestro, inspira.

William A. Ward

Una mujer de valor sufre tentaciones

Dichoso el que resiste la tentación porque, al salir aprobado, recibirá la corona de la vida que Dios ha prometido a quienes lo aman. Que nadie, al ser tentado, diga: «Es Dios quien me tienta». Porque Dios no puede ser tentado por el mal, ni tampoco tienta él a nadie. Todo lo contrario, cada uno es tentado cuando sus propios malos deseos lo arrastran y seducen.

Santiago 1:12-1

Padre celestial:

Te confesamos que con frecuencia somos tentadas. A veces, estas tentaciones parecen suficientemente inocentes, como podría ser solo un pedacito más de chocolate, o una diminuta mentira piadosa dicha con el fin de no herir los sentimientos de alguien.

A veces estamos tan seguras que no seremos tentadas por pecados grandes, que nos encontramos cayendo en sus trampas sin darnos cuenta de lo que hemos hecho. En ocasiones, Señor, incluso sucumbimos a esas tentaciones y nuestros corazones se quebrantan al saber que te hemos defraudado.

Ayúdanos a meditar en tu Palabra con más cuidado y a esforzarnos por mantener esas palabras siempre presentes en nuestros corazones. Concédenos poder resistir en los días de tentación y ganar la batalla sin importar lo insignificante que parezca. Tú nos conoces, Padre, y sabes lo que nos hace tropezar.

Ayúdanos a estar dispuestas a encarar las cosas que nos tientan, para poder equiparnos contra otro fracaso si esa tentación vuelve a cruzarse en nuestro camino. Ayúdanos a acercarnos siempre a ti, para pasar por alto los deseos que nos alejan de tu senda de salvación.

Amén.

Un pensamiento valioso

La voz de Cristo: Escribe mis palabras en tu corazón y medita en ellas con gran seriedad, porque en tiempo de tentación serán muy necesarias.

Thomas á Kempis

La mujer agradecida

¡Cuán bueno, Señor, es darte gracias
y entonar, oh Altísimo, salmos a tu nombre;
proclamar tu gran amor por la mañana,
y tu fidelidad por la noche,
al son del decacordio y de la lira;
al son del arpa y del salterio!
Tú, Señor, me llenas de alegría con
tus maravillas; por eso alabaré jubiloso
las obras de tus manos.

Salmo 92:1-4

Padre celestial:

¡Qué gozo es venir ante ti alabando con un corazón agradecido! Tantas veces te buscamos porque la vida nos asedia con pesares o preocupaciones y necesitamos tu consuelo y tu guía. Necesitamos saber que tú siempre estás en control y que nuestro total bienestar está en tus manos.

Saber que tú estás ahí para nosotras es una de las razones que nos hacen gritar de alegría. Es una de las razones por las cuales despertamos cada nuevo día con corazones gozosos y mentes dispuestas. Nos das un sin fin de bendiciones, y lo único que tenemos que hacer es estar atentas a verlas.

Ayúdanos en esta semana a descubrir tus bendiciones escondidas en la bondad de la persona que nos sostiene cuando estamos desanimadas, resonando en el canto melodioso de un ave o renovando nuestros espíritus con el amanecer. ¡Ayúdanos a contar tus bendiciones cada mañana y cada tarde, y cantar de gozo!

Amén.

La mujer talentosa

A cada uno se le da una
manifestación especial del Espíritu
para el bien de los demás.

1 Corintios 12:7

Padre celestial:

Nos has bendecido con una variedad de talentos y habilidades para hacer nuestro trabajo, criar nuestros niños, generar calor de hogar. Nos has mostrado cómo usar nuestros dones y nos has dado el mandato de compartir nuestros mejores esfuerzos con quienes nos rodean.

Señor, ayúdanos a permanecer talentosas. Ayúdanos a tener el don de ver cuando alguien necesita una mano de ayuda. Ayúdanos a tener el talento de ofrecer una sonrisa o un abrazo cálido en el momento preciso. Danos la sabiduría de superar los obstáculos que impiden que seamos todo lo que con tanto cuidado diseñaste para nuestras vidas. Haznos recordar que no has terminado de desarrollar talentos en nosotras y que aun hay más dones que descubrir en cada una de nosotras.

Ayúdanos a no tener temor de intentar hacer cosas nuevas y crecer en nuevas formas de servicio para ti. Gracias por hacer que cada una de nosotras brille de un modo único, y por darnos tantas oportunidades de ser estrellas resplandecientes y talentosas.

Amén.

Un pensamiento valioso

Mientras más observo a los campeones y exitosos de este mundo, más me convenzo de que las capacidades naturales y el talento no son el secreto de su éxito. Lo que hace la diferencia entre éxito y fracaso es la habilidad para superar obstáculos, incluyendo los que nosotros mismos ponemos en nuestro camino.

Robert L. Backman

Una mujer de palabras amables

*Como naranjas de oro con incrustaciones
de plata son las palabras dichas a tiempo.*

<small>PROVERBIOS 25:11</small>

Padre celestial:

Las naranjas de oro con incrustaciones de plata son una hermosa imagen que nos ayuda al considerar la forma en que nos hablamos. Si estuviéramos ocupadas entregándonos naranjas de oro unas a otras, sin dudas el mundo sería un lugar mucho más agradable para vivir y relacionarse con otros.

Por supuesto, sabemos que no solo es importante ser agradables, sino estar dispuestas a dar un consejo a tiempo y con un corazón amoroso.

Algunas de nosotras nos sentimos reacias a dar consejos, sin embargo, cualquier palabra dicha con amor, bondad, y con un espíritu comprensivo, debería ser, de algún modo, como naranjas de oro con incrustaciones de plata.

Ayúdanos, Padre, a compartir las palabras más amables que puedan salir de nuestra boca para infundir fe, confianza y esperanza a otros. Ayúdanos a llenar sus canastas con la mayor cantidad de naranjas de oro que podamos, eligiendo siempre las palabras más maduras y hermosas que podamos decir.

Ayúdanos a cultivar los corazones y las mentes de todas las personas con las que nos encontremos esta semana, de modo que crezcan en su deseo de conocer más de ti. Que nuestras palabras amables produzcan buenos frutos.

Amén.

Un pensamiento valioso
La bondad es el lenguaje que los sordos
pueden oír y los ciegos pueden ver.
Mark Twain

Una mujer fuerte

Él los mantendrá firmes hasta el fin,
para que sean irreprochables en el día
de nuestro Señor Jesucristo.

1 Corintios 1:8

Padre celestial:

Eres nuestra fortaleza. Eres tú quien nos da las fuerzas para hacer un nuevo intento cuando creemos haber agotado todas las opciones posibles. Eres tú quien nos recuerda que no estamos solas cuando sentimos que llevamos sobre nosotras las cargas de todo el mundo. Nos levantas una vez más y fortaleces nuestra determinación de volver a echar un vistazo, intentar otro camino, encarar un nuevo desafío.

Estamos agradecidas cuando nos consideran fuertes. A veces parecemos más fuertes de lo que realmente somos, y tratamos de actuar con más fortaleza cuando vemos que las circunstancias son adversas. A pesar de que nuestra confianza en ciertas ideas o situaciones puede flaquear, nuestra fe no lo hace.

Estamos firmes en ti y nos aferramos a tus promesas, tu bondad y tus planes para nuestras vidas. Descansamos en ti, Señor, recordando que a tu tiempo, nos levantarás por encima de cualquier obstáculo que enfrentemos. Oramos con corazones llenos de acción de gracias.

Amén.

Un pensamiento valioso

Ten buen ánimo. No pienses en los fracasos de hoy, sino en los éxitos que pueden venir mañana. Te has puesto una tarea difícil, pero la lograrás si perseveras; y encontrarás felicidad en vencer los obstáculos. Recuerda, ningún esfuerzo que hagamos para lograr algo hermoso es en vano.

Helen Keller

La mujer digna de confianza

*Yo le digo al S*ENOR*: «Tú eres mi refugio,
mi fortaleza, el Dios en quien confío».*

S*ALMO* 91:2

Padre celestial:

Para nosotras aprender a confiar no es una tarea fácil. En nuestra juventud hemos confiado, solo para ver esa confianza destruida por la decepción o el engaño. Hemos confiado en quienes creímos que estarían siempre a nuestro lado, solo para descubrir que nos defraudarían en el momento que más los necesitábamos.

Sin embargo, sabemos que eres el ejemplo de verdadera confiabilidad y nos esforzamos por imitarte de modo que otros pueden aprender a confiar en nosotras.

Ayúdanos a convertirnos en mujeres

dignas de confianza, considerando como falta grave romper un acuerdo legítimo. Ayúdanos a crecer en tu Espíritu para poder renovarnos y fortalecernos en el proceso de ser más confiables.

Padre, protector y cuidador divino, al encarar el futuro ayúdanos a confiarte por completo nuestras vidas.

Amén.

Un pensamiento valioso

No le tengas miedo a los cambios en tu vida; por el contrario afróntalos con la esperanza de que Dios, a quien le perteneces, te librará de ellos. Él es tu cuidador. Te ha guardado hasta aquí. Tú solo aférrate fuerte a su mano amorosa, y él te guiará seguro a través de cualquier situación; y, cuando no puedas sostenerte, te llevará en sus brazos.

Francisco de Sales

Una mujer de valor
es de ayuda

A las montañas levanto mis ojos;
¿de dónde ha de venir mi ayuda?
Mi ayuda proviene del Señor,
creador del cielo y de la tierra.
No permitirá que tu pie resbale;
jamás duerme el que te cuida.
Jamás duerme ni se adormece
el que cuida de Israel.

Salmo 121:1-4

Padre celestial:

No sabemos lo que realmente significa ser de ayuda. Nos lanzamos a hacer cosas que asumimos serán correctas, pero luego descubrimos que no hicimos lo que se necesitaba, lo que en realidad era de ayuda.

Dirige nuestras acciones y pensamientos hacia las necesidades reales de quienes nos rodean, para que nuestra ayuda pueda ser en verdad útil y refleje tu amor y tu gracia. Cuando no tengamos certeza sobre las pasos a seguir, recuérdanos poner nuestra mirada en ti, como dijo el salmista hace tanto tiempo. ¿De dónde más ha de venir la ayuda, si no es de ti?

Al transitar esta semana, quédate con nosotras Señor, y danos sabiduría en las pequeñas cosas. Muéstranos de qué formas sencillas podemos dar una mano al prójimo, hacer un favor, animar, o hacer algo beneficioso para los demás.

Sabemos que en cualquier momento, nosotras también podríamos necesitar recibir la misma ayuda. Que seamos mujeres que ayudan con gracia y espiritualidad.

Amén.

Un pensamiento valioso

Dar es el secreto de una vida saludable.
No necesariamente dinero, sino lo que
la persona tenga de ánimo,
simpatía y comprensión.

John D. Rockefeller, Jr.

Una mujer de corazón humilde

Humíllense, pues, bajo la poderosa
mano de Dios, para que él los exalte a
su debido tiempo. Depositen en él toda
ansiedad, porque él cuida de ustedes.

1 PEDRO 5:6-7

Padre celestial:

Reconocemos que la humildad no siempre es nuestra cualidad más destacada. Con facilidad nos colocamos en una posición de autoridad, olvidando por un instante que, sin importar lo que sabemos o tenemos, has sido tú el dador y el don.

A veces, presuponemos cosas de los demás, juzgando circunstancias o situaciones sin conocer la verdad de los hechos. Emitimos nuestro juicio sin humildad verdadera y por eso te pedimos perdón.

Señor, al acercarnos a una nueva semana, haznos recordar que cuando nos

humillamos ante ti, ampliamos las oportunidades para que bendigas nuestras vidas
y las vidas de los demás. Nos ofrecemos a
hacer tu trabajo, honrándote en todo lo que
hagamos y compartiendo los dones que en
tu divinidad has creado en cada una de nosotras.

Te agradecemos, bendiciéndote y ala-
bándote.

Amén.

Un pensamiento valioso

El alma humilde sabe que todo lo que es
y todos los dones que tiene provienen de mí,
no de ella misma, y a mí lo atribuye todo.

Catalina de Siena

(escuchando a Dios en una visión)

Una mujer con sentido del humor

Gran remedio es el corazón alegre,
pero el ánimo decaído seca los huesos.

PROVERBIOS 17:22

Padre celestial:

Recuérdanos lo importante que es tener siempre sentido del humor. A veces nos enredamos tanto en los asuntos de la vida que hacemos que todo parezca serio y nos olvidamos de reír.

Ayúdanos a renovarnos y refrescarnos con pequeños brotes de júbilo para aliviar la tensión y el estrés que tan a menudo alimentan nuestros débiles espíritus a lo largo del día. Fortalece nuestras amistades y relaciones especiales con sonrisas y actitudes alegres.

Señor, al transitar la semana que tenemos por delante, muéstranos el don de la risa que contribuye a sanar las dificultades y estimula el crecimiento de las amistades.

Ayúdanos a ser más que manos útiles y serias estudiantes de tu Palabra. Ayúdanos a ser embajadoras de gozo porque sabemos que te tenemos a ti para levantar nuestros espíritus cuando ponemos nuestras preocupaciones a tus pies.

Concédenos muchos motivos para sonreír esta semana.

Amén.

Un pensamiento valioso

El humor es la gran cosa, la cosa salvadora.

Al minuto que aparece, todas nuestras irritaciones y resentimientos desaparecen

y un espíritu soleado toma su lugar.

Mark Twain

Una mujer llena de esperanza

*Pido también que les sean iluminados los ojos
del corazón para que sepan a qué esperanza
él los ha llamado, cuál es la riqueza de su
gloriosa herencia entre los santos.*

Efesios 1:18

Padre celestial:

Definitivamente somos mujeres esperanzadas. Ponemos nuestra esperanza en ti, nuestra fe en ti y nuestro mismísimo ser en tus manos. Al transitar los diversos caminos de la vida, los recorremos sabiendo que sin importar lo que hagamos, cuál sea nuestra comprensión de la fe, o cuánto hayamos crecido espiritualmente, estamos arraigadas en la esperanza que nos has dado en Jesucristo.

Sabemos que no hay nada que pueda quitarnos esa fe, porque es tu don eterno, por el cual estamos agradecidas.

Señor, concédenos mantener en alto nuestras esperanzas esta semana, y compartir la luz de nuestra esperanza con quienes están a nuestro lado. Ayúdanos a ser mensajeras de ánimo para otras vidas, en cada oportunidad que tengamos, y a ser la luz para la cual nos has creado.

Te adoramos por habernos escogido para ser tus hijas, y te pedimos que bendigas nuestros deseos para quienes amamos, en cada área de la vida, conforme a tu voluntad y propósito.

Amén.

Un pensamiento valioso
Quienes continúan hablando del sol cuando caminan bajo un cielo nublado son mensajeros de esperanza, los verdaderos santos de nuestros días.

Henri J. Nouwen

Una mujer honesta

«*En cuanto a ti, si me sigues con integridad y
rectitud de corazón, como lo hizo tu padre
David, y me obedeces en todo lo que yo te
ordene y cumples mis decretos y leyes,
yo afirmaré para siempre tu trono en
el reino de Israel*».

1 Reyes 9:4-5

Padre celestial:

Queremos ser honestas contigo y
caminar en integridad de corazón. Eso
es lo que deseamos, pero sabemos que
no siempre logramos tal honestidad.
Nos autoconvencemos para aceptar
compromisos, sin entender completamente el por qué.

Por favor, ayúdanos a ser rectas,
consideradas y veraces en todo lo que
hacemos. Ayúdanos a no caer en tentación en las pequeñas cosas, o dejar que
las ofensas menores se transformen
en importantes. Concédenos ser más
honestas en nuestra predisposición a

perdonar. Sabemos, Padre, que te importa todo lo que hacemos, y no desde la postura de descubrirnos en algún pecado, sino desde la de ayudarnos a ver la verdad.

Mientras crecemos en tu amor y guía, que podamos caminar delante de ti como lo hizo nuestro ancestro David, apropiándonos verdaderamente de las cosas que hacemos, confesando nuestros pecados, y amándote con toda nuestra mente y corazón.

Amén.

Un pensamiento valioso
Nuestras vidas mejoran solo cuando nos arriesgamos; y el primer y mayor riesgo que podemos correr es ser honestos con nosotros mismos.

Walter Anderson

Una mujer de gran corazón

De la abundancia del corazón habla la boca.
El que es bueno, de la bondad que atesora en
el corazón saca el bien, pero el que es malo,
de su maldad saca el mal.

Mateo 12:34-35

Padre celestial:

Te ofrecemos nuestros corazones y te pedimos que los formes y moldees para que lleguen a ser aquello para lo cual fueron creados.

Sabemos que es el corazón el que da forma a cada pensamiento, cada don, cada actitud. Nos esforzamos por ser buenas mujeres que saquen cosas buenas de lo más profundo de sus corazones. Hacemos todo lo posible para poner tu luz en alto de modo que todos puedan verla.

De todos los tesoros que hemos obtenido por tu gracia y bondad, sabemos que nada es mayor a tu amor. Enternece nuestros corazones cada día para que mostremos más de tu amor al mundo, y para que nuestras bocas hablen más con tu bondad. Ayúdanos a decir siempre palabras amables a quienes nos rodean.

Amén.

Un pensamiento valioso

Debes mantener todo tesoro terrenal fuera de tu corazón, y dejar que Dios sea tu tesoro, y dejar que él tenga tu corazón.

Charles H. Spurgeon

Una mujer humanitaria

Tú creaste mis entrañas;
me formaste en el vientre de mi madre.
¡Te alabo porque soy una creación admirable!
¡Tus obras son maravillosas,
y esto lo sé muy bien!

<small>Salmo 139:13-14</small>

Padre celestial:

No podemos considerarnos seguidoras de Cristo si no somos humanitarias. Sabemos que cada vez que secamos una lágrima, alimentamos a un niño hambriento y consolamos al enfermo, estamos mostrando nuestra humanidad.

Nos creaste para ser, primero y ante todo, seres humanos buenos, amables y cariñosos. Nos has rodeado de ejemplos para mostrarnos cómo quieres que nos tratemos mutuamente, y también nos diste la regla de oro.

Sabemos que las cosas mejoran de un modo notable cuando tratamos a otros de forma tan cariñosa y considerada como esperamos que nos traten a nosotras.

A pesar de que a menudo nos desalientan las noticias y los tiempos en que vivimos, reconocemos que somos parte de la solución. Cuando seguimos tu voluntad, deseos y plan para nuestras vidas, aplicamos un antídoto espiritual para contrarrestar la destrucción que escuchamos cada día en los medios de comunicación. Ayúdanos a declararnos públicamente a favor del verdadero cambio.

Oramos en el nombre de Jesús.

Amén.

Una mujer santa

*Más bien, sean ustedes santos en todo
lo que hagan, como también es santo
quien los llamó; pues está escrito:
«Sean santos, porque yo soy santo».*

1 Pedro 1:15-16

Padre celestial:

En realidad, no comprendemos la santidad. Parece algo inalcanzable, algo que es tan inherente a ti que ni siquiera podemos imaginar cómo acercarnos a ella. Sin embargo, la verdad es que solo podemos aproximarnos porque tú abriste la puerta con el nacimiento, vida, muerte y resurrección de tu Hijo. Él nos enseñó sobre la santidad y nos ayudó a entender que a través suyo nosotras también podemos ser santas.

Te damos gracias porque al ir madurando nuestra relación contigo y fructificar más nuestra fe, podemos comenzar a ver la belleza que produce esforzarnos por ser mujeres santas. Ayúdanos a desear menguar para que tú crezcas, de modo que podamos encender una luz santa en las necesidades del mundo. Ayúdanos a señalar el camino hacia tu Hijo Jesús.

Al transitar otra semana, muéstranos las maneras en que podemos devolverte momentos santos. En adoración y acción de gracias, apelamos a tu Espíritu Santo.

Amén.

Un pensamiento valioso
La santidad implica amistad con Dios.
Tiene que haber un momento en nuestra
relación con Dios en el cual él deja de ser
solo una relación de domingo y se convierte
en un amigo de todos los días.
Basil Hume

Una mujer que vive armoniosamente

En efecto, nosotros somos colaboradores al servicio de Dios.

1 Corintios 3:9

Padre celestial:

No siempre es fácil para nosotras estar en paz con las circunstancias y los acontecimientos de nuestras vidas. Buscamos la armonía, y sin embargo, solemos encontrarnos en un caos. Tratamos de ver el bien en los demás, solo para decepcionarnos con las personalidades complejas y los malentendidos con los que tenemos que lidiar.

Nos damos cuenta, Señor, que el ego es una fuerza potente en el mundo que suele traer discordia. Muchas de nosotras ni siquiera nos damos cuenta con cuanta frecuencia luchamos con el ego, propio o de algún otro. Ayúdanos a buscar entendimiento. Ayúdanos a buscar la verdad y encontrar modos de sentarnos y resolver nuestras diferencias.

Nada es más valioso para nosotras que tener tu paz, Padre. En un mundo que nos ofrece demasiadas opciones, demasiadas variables, demasiados temores, estamos aun más conscientes de los momentos preciosos en los que podemos vivir en tu gracia y tu paz.

Danos sabiduría para tratar a los demás y permítenos buscar la armonía y la verdad por sobre todas las cosas. Sabemos que con ellas servimos en amor.

Amén.

Un pensamiento valioso

El entendimiento nos da la habilidad de tener paz. Cuando entendemos el punto de vista de la otra persona, y recibimos comprensión del nuestro, entonces podemos sentarnos y resolver las diferencias.

Harry S. Truman (adaptado)

Una mujer de buenos hábitos

«Pero en cuanto al día y la hora, nadie lo sabe, ni siquiera los ángeles en el cielo, ni el Hijo, sino sólo el Padre. ¡Estén alerta! ¡Vigilen! Porque ustedes no saben cuándo llegará ese momento».

MARCOS 13:32-33

Padre celestial:

Sabemos que necesitamos prestar más atención a esas cosas que se hicieron hábitos en nuestras vidas. Algunas son simples, como sentarse cada semana en el mismo banco de la iglesia o pedir siempre el mismo plato de comida al ir a nuestro restaurante favorito.

Otras, no son sencillas, como dejar de fumar o formar mejores hábitos alimentarios, y sin embargo, somos el resultado de nuestras elecciones. Ayúdanos a adquirir aquellos hábitos con los que es más fácil vivir, no sólo para nosotras, sino para los que viven en derredor nuestro. Ayúdanos a convertirnos en el tipo de personas con los que otros quieren estar porque habitualmente hacemos cosas buenas.

No sabemos, Señor, cuando vendrás a buscarnos. Solo sabemos que debemos continuar con los hábitos de orar, dar, amar y ser todo lo que quieres que seamos, porque para eso nos creaste.

Ayúdanos a estar alerta a todo lo que podamos hacer para edificar más hábitos beneficiosos en nuestra labor por ti.

Amén.

Un pensamiento valioso

Los buenos hábitos son difíciles de adquirir,

pero son buena compañía para siempre.

Los malos hábitos son fáciles de adquirir,

pero son mala compañía de por vida.

Anónimo

Una mujer que entiende la felicidad

*El corazón alegre
se refleja en el rostro.*

Proverbios 15:13

Padre celestial:

Sabemos que la felicidad emocional es, de algún modo, fugaz. Va y viene con las circunstancias de nuestras vidas y a veces sin un reconocimiento verdadero de nuestra parte.

Sabemos que el don de la felicidad tiene mucho que ver con que nuestras percepciones de la vida estén alineadas con tu propósito para nosotras. Cuando estamos trabajando en sintonía contigo tenemos un sentido de bienestar que da como resultado paz y felicidad. Cuando no estamos alineadas con tu propósito, no importa en realidad lo que hagamos, la felicidad nos esquiva. Ayúdanos a buscar una «santa» felicidad. Ayúdanos a desear con mayor fervor aquellas cosas que crean armonía, paz y gozo en todo lo que hacemos.

Señor, también nos damos cuenta de que quienes dicen que las personas son tan felices como «creen» serlo, tienen un argumento válido.

Pon en nosotras un verdadero deseo de reflejar la felicidad que sentimos genuinamente en el cálido abrazo de nuestros familiares, amigos, y aquellos que nos desean el bien. Sabemos que tenemos demasiadas buenas razones para sentirnos felices, y te agradecemos por cada una de ellas.

Amén.

Un pensamiento valioso

Muchas personas tienen una idea equivocada de lo que es la felicidad. La felicidad no se alcanza a través de la autocomplacencia, sino mediante la fidelidad a un propósito que valga la pena.

Helen Keller

Una mujer hospitalaria

Recuerden esto: El que siembra escasamente, escasamente cosechará, y el que siembra en abundancia, en abundancia cosechará. Cada uno debe dar según lo que haya decidido en su corazón, no de mala gana ni por obligación, porque Dios ama al que da con alegría. Y Dios puede hacer que toda gracia abunde para ustedes, de manera que siempre, en toda circunstancia, tengan todo lo necesario.

2 Corintios 9:6-8

Padre celestial:

Sabemos que debemos ser mujeres que abran sus corazones, mentes, manos y hogares a quienes tengan necesidad en derredor nuestro. Vemos a tus hijos en nuestros vecindarios y a lo largo de nuestras comunidades. Vemos a tus hijos alrededor del mundo y sabemos que necesitan ser alimentados, vestidos y cuidados.

En ocasiones vemos la necesidad de tantas personas, Señor, que nos sentimos abrumadas por no saber cómo hacer para cuidar de todas ellas.

Ayúdanos a recordar que aun cuando no podamos comprometernos en cada causa y cada necesidad, podemos involucrarnos en alguna. Podemos ayudar a una persona que necesite un oído atento o una palabra de ánimo. Podemos ayudar a otra persona ofreciéndole un plato de comida o algún abrigo usado en buen estado. Podemos ayudar de muchas maneras, y creemos que eso es lo que demandas de nosotras.

Concédenos estar atentas cada día a quienes nos necesitan. Danos corazones dispuestos y acogedores brazos hospitalarios. Solo ofrecemos a los demás lo que tú en tu gracia ya nos has dado. Te agradecemos por tu increíble hospitalidad.

Amén.

Un pensamiento valioso

Debemos dar lo que íbamos a recibir,
con alegría, rápidamente y sin vacilación,
porque no hay gracia en un beneficio
que se pega a los dedos.

Séneca

Nos agradaría recibir noticias suyas.
Por favor, envíe sus comentarios sobre este libro
a la dirección que aparece a continuación.
Muchas gracias.

Vida@zondervan.com
www.editorialvida.com